xchg rax,rax

xorpd

```
; © 2014 xorpd
; www.xorpd.net
; ISBN 978-1502958082
```

[0x00]

```
xor     eax,eax
lea     rbx,[0]
loop    $
mov     rdx,0
and     esi,0
sub     edi,edi
push    0
pop     rbp
```

[0x00]

```
.loop:
    xadd    rax,rdx
    loop    .loop
```

```
neg     rax
sbb     rax, rax
neg     rax
```

```
sub     rdx, rax
sbb     rcx, rcx
and     rcx, rdx
add     rax, rcx
```

[0x04]

xor   al,0x20

[0x04]

[0x05]

```
sub     rax,5
cmp     rax,4
```

[0x05]

```
not     rax
inc     rax
neg     rax
```

[0x07]

```
inc     rax
neg     rax
inc     rax
neg     rax
```

[0x07]

[0x08]

```
add     rax, rdx
rcr     rax, 1
```

[0x08]

[0x09]

```
shr     rax,3
adc     rax,0
```

[0x09]

[0x0a]

```
        add     byte [rdi],1
    .loop:
        inc     rdi
        adc     byte [rdi],0
        loop    .loop
```

[0x0a]

[0x0b]

```
not     rdx
neg     rax
sbb     rdx,-1
```

[0x0b]

[0x0c]

```
mov     rcx, rax
xor     rcx, rbx
ror     rcx, 0xd

ror     rax, 0xd
ror     rbx, 0xd
xor     rax, rbx

cmp     rax, rcx
```

[0x0c]

```
mov     rdx, rbx

xor     rbx, rcx
and     rbx, rax

and     rdx, rax
and     rax, rcx
xor     rax, rdx

cmp     rax, rbx
```

[0x0e]

```
mov     rcx, rax
and     rcx, rbx
not     rcx

not     rax
not     rbx
or      rax, rbx

cmp     rax, rcx
```

[0x0e]

[0x0f]

```
.loop:
    xor     byte [rsi],al
    lodsb
    loop    .loop
```

[0x0f]

```
push    rax
push    rcx
pop     rax
pop     rcx

xor     rax,rcx
xor     rcx,rax
xor     rax,rcx

add     rax,rcx
sub     rcx,rax
add     rax,rcx
neg     rcx

xchg    rax,rcx
```

```
.loop:
    mov     dl,byte [rsi]
    xor     dl,byte [rdi]
    inc     rsi
    inc     rdi
    or      al,dl
    loop    .loop
```

[0x12]

```
mov     rcx, rdx
and     rdx, rax
or      rax, rcx
add     rax, rdx
```

[0x12]

```
        mov         rcx,0x40
.loop:
        mov         rdx,rax
        xor         rax,rbx
        and         rbx,rdx
        shl         rbx,0x1
        loop        .loop
```

```
mov     rcx, rax
and     rcx, rdx

xor     rax, rdx
shr     rax, 1

add     rax, rcx
```

```
mov     rdx,0xffffffff80000000
add     rax,rdx
xor     rax,rdx
```

```
xor     rax,rbx
xor     rbx,rcx
mov     rsi,rax
add     rsi,rbx
cmovc   rax,rbx
xor     rax,rbx
cmp     rax,rsi
```

[0x17]

```
cqo
xor     rax,rdx
sub     rax,rdx
```

[0x17]

```
rdtsc
shl     rdx,0x20
or      rax,rdx
mov     rcx,rax

rdtsc
shl     rdx,0x20
or      rax,rdx

cmp     rcx,rax
```

```
        call    .skip
        db      'hello world!',0
.skip:
        call    print_str
        add     rsp,8
```

```
        call    .next
.next:
        pop     rax
```

[0x1b]

```
push    rax
ret
```

[0x1b]

[0x1c]

pop   rsp

[0x1c]

```
mov     rsp,buff2 + n*8 + 8
mov     rbp,buff1 + n*8
enter   0,n+1
```

[0x1e]

```
cmp     al,0x0a
sbb     al,0x69
das
```

[0x1e]

```asm
.loop:
    bsf     rcx, rax
    shr     rax, cl
    cmp     rax, 1
    je      .exit_loop
    lea     rax, [rax + 2*rax + 1]
    jmp     .loop
.exit_loop:
```

[0x20]

```
mov     rcx, rax
shl     rcx, 2
add     rcx, rax
shl     rcx, 3
add     rcx, rax
shl     rcx, 1
add     rcx, rax
shl     rcx, 1
add     rcx, rax
shl     rcx, 3
add     rcx, rax
```

[0x20]

```
mov     rsi,rax
add     rax,rbx
mov     rdi,rdx
sub     rdx,rcx
add     rdi,rcx

imul    rax,rcx
imul    rsi,rdx
imul    rdi,rbx

add     rsi,rax
mov     rbx,rsi
sub     rax,rdi
```

```
mov     rdx,0xaaaaaaaaaaaaaaab
mul     rdx
shr     rdx,1
mov     rax,rdx
```

```
.loop:
    cmp         rax,5
    jbe         .exit_loop
    mov         rdx,rax
    shr         rdx,2
    and         rax,3
    add         rax,rdx
    jmp         .loop
.exit_loop:

    cmp         rax,3
    cmc
    sbb         rdx,rdx
    and         rdx,3
    sub         rax,rdx
```

```asm
        mov     rbx, rax
        mov     rsi, rax
.loop:
        mul     rbx
        mov     rcx, rax

        sub     rax, 2
        neg     rax
        mul     rsi
        mov     rsi, rax

        cmp     rcx, 1
        ja      .loop
.exit_loop:
```

```
            xor     eax, eax
            mov     rcx, 1
            shl     rcx, 0x20
    .loop:
            movzx   rbx, cx
            imul    rbx, rbx

            ror     rcx, 0x10
            movzx   rdx, cx
            imul    rdx, rdx
            rol     rcx, 0x10

            add     rbx, rdx
            shr     rbx, 0x20
            cmp     rbx, 1
            adc     rax, 0
            loop    .loop
```

```
mov     rdx,rax
shr     rax,7
shl     rdx,0x39
or      rax,rdx
```

```
mov     ch,cl
inc     ch
shr     ch,1
shr     cl,1
shr     rax,cl
xchg    ch,cl
shr     rax,cl
```

```
        clc
.loop:
        rcr     byte [rsi],1
        inc     rsi
        loop    .loop
```

```
lea     rdi,[rsi + 3]
rep movsb
```

```
        mov     rsi,rbx
        mov     rdi,rbx
    .loop:
        lodsq
        xchg    rax,qword [rbx]
        stosq
        loop    .loop
```

```
        xor     eax,eax
        xor     edx,edx
.loop1:
        xlatb
        xchg    rax,rdx
        xlatb
        xlatb
        xchg    rax,rdx
        cmp     al,dl
        jnz     .loop1

        xor     eax,eax
.loop2:
        xlatb
        xchg    rax,rdx
        xlatb
        xchg    rax,rdx
        cmp     al,dl
        jnz     .loop2
```

```
mov     qword [rbx + 8*rcx],0
mov     qword [rbx + 8*rdx],1
mov     rax,qword [rbx + 8*rcx]

mov     qword [rbx],rsi
mov     qword [rbx + 8],rdi
mov     rax,qword [rbx + 8*rax]
```

[0x2d]

```
mov     rdx, rax
dec     rax
and     rax, rdx
```

[0x2d]

```
mov     rdx, rax
dec     rdx
xor     rax, rdx
shr     rax, 1
cmp     rax, rdx
```

```
        xor     eax, eax
.loop:
        jrcxz   .exit_loop
        inc     rax
        mov     rdx, rcx
        dec     rdx
        and     rcx, rdx
        jmp     .loop
.exit_loop:
```

```
and        rax, rdx

sub        rax, rdx
and        rax, rdx

dec        rax
and        rax, rdx
```

```
mov     rcx, rax
shr     rcx, 1
xor     rcx, rax

inc     rax

mov     rdx, rax
shr     rdx, 1
xor     rdx, rax

xor     rdx, rcx
```

```
mov         rcx, rax

mov         rdx, rax
shr         rdx, 1
xor         rax, rdx

popcnt      rax, rax
xor         rax, rcx
and         rax, 1
```

```
mov     rdx, rax
shr     rdx, 0x1
xor     rax, rdx

mov     rdx, rax
shr     rdx, 0x2
xor     rax, rdx

mov     rdx, rax
shr     rdx, 0x4
xor     rax, rdx

mov     rdx, rax
shr     rdx, 0x8
xor     rax, rdx

mov     rdx, rax
shr     rdx, 0x10
xor     rax, rdx

mov     rdx, rax
shr     rdx, 0x20
xor     rax, rdx
```

```
mov     ecx,eax
and     ecx,0xffff0000
shr     ecx,0x10
and     eax,0x0000ffff
shl     eax,0x10
or      eax,ecx

mov     ecx,eax
and     ecx,0xff00ff00
shr     ecx,0x8
and     eax,0x00ff00ff
shl     eax,0x8
or      eax,ecx

mov     ecx,eax
and     ecx,0xcccccccc
shr     ecx,0x2
and     eax,0x33333333
shl     eax,0x2
or      eax,ecx

mov     ecx,eax
and     ecx,0xf0f0f0f0
shr     ecx,0x4
and     eax,0x0f0f0f0f
shl     eax,0x4
or      eax,ecx

mov     ecx,eax
and     ecx,0xaaaaaaaa
shr     ecx,0x1
and     eax,0x55555555
shl     eax,0x1
or      eax,ecx
```

```
mov         edx, eax
and         eax, 0x55555555
shr         edx, 0x1
and         edx, 0x55555555
add         eax, edx

mov         edx, eax
and         eax, 0x33333333
shr         edx, 0x2
and         edx, 0x33333333
add         eax, edx

mov         edx, eax
and         eax, 0x0f0f0f0f
shr         edx, 0x4
and         edx, 0x0f0f0f0f
add         eax, edx

mov         edx, eax
and         eax, 0x00ff00ff
shr         edx, 0x8
and         edx, 0x00ff00ff
add         eax, edx

mov         edx, eax
and         eax, 0x0000ffff
shr         edx, 0x10
and         edx, 0x0000ffff
add         eax, edx
```

```
dec     rax

mov     rdx, rax
shr     rdx, 0x1
or      rax, rdx

mov     rdx, rax
shr     rdx, 0x2
or      rax, rdx

mov     rdx, rax
shr     rdx, 0x4
or      rax, rdx

mov     rdx, rax
shr     rdx, 0x8
or      rax, rdx

mov     rdx, rax
shr     rdx, 0x10
or      rax, rdx

mov     rdx, rax
shr     rdx, 0x20
or      rax, rdx

inc     rax
```

```
mov     rdx, rax
not     rdx
mov     rcx, 0x8080808080808080
and     rdx, rcx
mov     rcx, 0x0101010101010101
sub     rax, rcx
and     rax, rdx
```

```
bsf     rcx,rax

mov     rdx,rax
dec     rdx
or      rdx,rax

mov     rax,rdx
inc     rax

mov     rbx,rdx
not     rbx
inc     rdx
and     rdx,rbx
dec     rdx

shr     rdx,cl
shr     rdx,1

or      rax,rdx
```

```
mov     rdx,0xaaaaaaaaaaaaaaaa
add     rax,rdx
xor     rax,rdx
```

[0x3a]

```asm
mov        rdx,rax
neg        rdx
and        rax,rdx

mov        rdx,0x218a392cd3d5dbf
mul        rdx
shr        rax,0x3a

xlatb
```

```
cdq
shl     eax,1
and     edx,0xc0000401
xor     eax,edx
```

[0x3c]

```
mov      rbx, rax
mov      rdx, rbx
mov      rcx, 0xaaaaaaaaaaaaaaaa
and      rbx, rcx
shr      rbx, 1
and      rbx, rdx
popcnt   rbx, rbx
and      rbx, 1

neg      rax
mov      rdx, rax
mov      rcx, 0xaaaaaaaaaaaaaaaa
and      rax, rcx
shr      rax, 1
and      rax, rdx
popcnt   rax, rax
and      rax, 1

mov      rdx, rax
add      rax, rbx
dec      rax
neg      rax
sub      rdx, rbx
```

[0x3c]

```asm
        mov     rcx,1
.loop:
        xor     rax,rcx
        not     rax
        and     rcx,rax
        not     rax

        xor     rdx,rcx
        not     rdx
        and     rcx,rdx
        not     rdx

        shl     rcx,1
        jnz     .loop
```

```
mov     rdx, rax
shr     rdx, 1
xor     rax, rdx

popcnt  rax, rax
and     rax, 0x3
```

[0x3f]

```
mov     rbx, 3
mov     r8, rax
mov     rcx, rax
dec     rcx

and     rax, rcx
xor     edx, edx
div     rbx
mov     rsi, rdx

mov     rax, r8
or      rax, rcx
xor     edx, edx
div     rbx
inc     rdx
cmp     rdx, rbx
sbb     rdi, rdi
and     rdi, rdx

bsf     rax, r8
```

[0x3f]

Printed in Great Britain
by Amazon